Impressum
Verlag: BABADADA GmbH, Nedderfeld 112 , 22529 Hamburg
Geschäftsführer / Verlagsleitung: Harald Hof
Druck: Books on Demand GmbH, In de Tarpen 42, 22848 Norderstedt

Imprint
Publisher: BABADADA GmbH, Nedderfeld 112 , 22529 Hamburg, Germany
Managing Director / Publishing direction: Harald Hof
Print: Books on Demand GmbH, In de Tarpen 42, 22848 Norderstedt

σχολείο
die Schule

σχολική τάξη
das Klassenzimmer

διαιρώ
dividieren

186/2

πίνακας
die Tafel

σχολική αυλή
der Schulhof

δάσκαλος
der Lehrer

χαρτί
das Papier

γράφω
schreiben

στυλό
der Stift

γραφείο
der Schreibtisch

χάρακας
das Lineal

βιβλίο
das Buch

μαθητής
die Schüler

σχολική τσάντα

der Ranzen

κασετίνα/ μολυβοθήκη

die Federmappe

μολύβι

der Bleistift

ξύστρα

der Bleistiftanspitzer

γόμα

das Radiergummi

μπλοκ ζωγραφικής

der Zeichenblock

ζωγραφική

die Zeichnung

πινέλο

der Pinsel

κουτί χρωμάτων

der Malkasten

ψαλίδι

die Schere

κόλλα

der Klebstoff

τετράδιο ασκήσεων

das Übungsheft

εργασία για το σπίτι

die Hausaufgabe

αριθμός

die Zahl

προσθέτω

addieren

αφαιρώ

subtrahieren

πολλαπλασιάζω

multiplizieren

υπολογίζω

rechnen

γράμμα

der Buchstabe

αλφάβητο

das Alphabet

hello

λέξη

das Wort

κείμενο

der Text

διαβάζω

lesen

κιμωλία

die Kreide

μάθημα

die Stunde

εγγράφομαι

das Klassenbuch

τεστ

die Prüfung

πιστοποιητικό

das Zeugnis

μαθητική στολή

die Schuluniform

εκπαίδευση

die Ausbildung

εγκυκλοπαίδεια

das Lexikon

πανεπιστήμιο

die Universität

μικροσκόπιο

das Mikroskop

χάρτης

die Karte

καλάθι αχρήστων

der Papierkorb

ξενοδοχείο
das Hotel

Grand

ξενώνας
die Herberge

ROOMS

ανταλλακτήρια συναλλάγματος
die Wechselstube

EXCHANGE

βαλίτσα
der Koffer

αυτοκίνητο
das Auto

γλώσσα

die Sprache

ναι / όχι

ja / nein

εντάξει

Okay

γεια σου

Hallo

μεταφραστής

der Übersetzer

Ευχαριστώ

Danke

πόσο κάνει ;

Was kostet…?

Δε καταλαβαίνω

Ich verstehe nicht

πρόβλημα

das Problem

Καλησπέρα!

Guten Abend!

Καλημέρα!

Guten Morgen!

Καληνύχτα!

Gute Nacht!

Αντίο

Auf Wiedersehen

κατεύθυνση

die Richtung

αποσκευές

das Gepäck

τσάντα

die Tasche

σακίδιο πλάτης

der Rucksack

καλεσμένος

der Gast

δωμάτιο

das Zimmer

υπνόσακος

der Schlafsack

σκηνή

das Zelt

τουριστικές πληροφορίες

die Touristeninformation

παραλία

der Strand

πιστωτική κάρτα

die Kreditkarte

πρωινό

das Frühstück

μεσημεριανό

das Mittagessen

δείπνο

das Abendessen

εισιτήριο

die Fahrkarte

ανελκυστήρας

der Fahrstuhl

γραμματόσημο

die Briefmarke

σύνορα

die Grenze

τελωνείο

der Zoll

πρεσβεία

die Botschaft

βίζα

das Visum

διαβατήριο

der Pass

αεροπλάνο
das Flugzeug

πλοίο
das Schiff

πυροσβεστικό όχημα
das Feuerwehrauto

λεωφορείο
der Bus

φορτηγό
der Lastwagen

ηχανοκίνητο σκάφος
as Motorboot

ποδήλατο
das Fahrrad

αυτοκίνητο
das Auto

φεριμπότ

die Fähre

βάρκα

das Boot

μοτοσικλέτα

das Motorrad

περιπολικό

das Polizeiauto

αγωνιστικό αυτοκίνητο

das Rennauto

ενοικιαζόμενο αυτοκίνητο

der Mietwagen

διαμοιρασμός αυτοκινήτων

das Carsharing

γερανός

der Abschleppwagen

απορριμματοφόρο

das Müllauto

κινητήρας

der Motor

καύσιμο

der Kraftstoff

βενζινάδικο

die Tankstelle

πινακίδα σήμανσης

das Verkehrsschild

κυκλοφορία

der Verkehr

κυκλοφοριακή συμφόρηση

der Stau

χώρος στάθμευσης

der Parkplatz

σιδηροδρομικός σταθμός

der Bahnhof

σιδηροδρομικές γραμμές

die Schienen

τρένο

der Zug

τραμ

die Straßenbahn

βαγόνι

der Wagon

ελικόπτερο

der Helikopter

αεροδρόμιο

der Flughafen

πύργος

der Tower

επιβάτης

der Passagier

εμπορευματοκιβώτιο

der Container

χαρτοκιβώτιο

der Karton

καρότσι

der Karren

καλάθι

der Korb

απογειώνομαι /
προσγειόνομαι

starten / landen

πόλη
die Stadt

χωριό

das Dorf

κέντρο της πόλης

das Stadtzentrum

σπίτι

das Haus

σινεμά
das Kino

διαφήμιση
die Werbung

λάμπα δρόμου
die Straßenlaterne

οδός
die Straße

ταξί
das Taxi

ψιλικατζίδικο
der Kiosk

πεζός
der Fußgänger

πεζοδρόμιο
der Bürgersteig

διάβαση πεζών
der Zebrastreifen

κάδος απορριμμάτων
die Mülltonne

διασταύρωση
die Kreuzung

φανάρια
die Ampel

καλύβα

die Hütte

διαμέρισμα

die Wohnung

σιδηροδρομικός σταθμός

der Bahnhof

δημαρχείο

das Rathaus

μουσείο

das Museum

σχολείο

die Schule

πανεπιστήμιο

die Universität

τράπεζα

die Bank

νοσοκομείο

das Krankenhaus

ξενοδοχείο

das Hotel

φαρμακείο

die Apotheke

γραφείο

das Büro

βιβλιοπωλείο

die Buchhandlung

κατάστημα

das Geschäft

ανθοπωλείο

der Blumenladen

σούπερ μάρκετ

der Supermarkt

αγορά

der Markt

πολυκατάστημα

das Kaufhaus

ιχθυοπωλείο

der Fischhändler

εμπορικό κέντρο

das Einkaufszentrum

λιμάνι

der Hafen

πάρκο

der Park

παγκάκι

die Bank

γέφυρα

die Brücke

σκάλες

die Treppe

μετρό

die U-Bahn

τούνελ

der Tunnel

στάση λεωφορείου

die Bushaltestelle

μπαρ

die Bar

εστιατόριο

das Restaurant

γραμματοκιβώτιο

der Briefkasten

πινακίδα δρόμου

das Straßenschild

παρκόμετρο

die Parkuhr

ζωολογικός κήπος

der Zoo

πισίνα

die Badeanstalt

τζαμί

die Moschee

αγρόκτημα

der Bauernhof

ρύπανση

die Umweltverschmutzung

νεκροταφείο

der Friedhof

εκκλησία

die Kirche

παιδική χαρά

der Spielplatz

ναός

der Tempel

τοπίο
die Landschaft

φύλλο
das Blatt

πινακίδα κατεύθυνσης
der Wegweiser

δρόμος
der Weg

λιβάδι
die Wiese

πέτρα
der Stein

δέντρο
der Baum

πεζοπόρος
der Wanderer

ποτάμι
der Fluss

χορτάρι
das Gras

λουλούδι
die Blume

κοιλάδα

das Tal

λόφος

der Berg

λίμνη

der See

δάσος

der Wald

έρημος

die Wüste

ηφαίστειο

der Vulkan

κάστρο

das Schloss

ουράνιο τόξο

der Regenbogen

μανιτάρι

der Pilz

φοίνικας

die Palme

κουνούπι

der Moskito

μύγα

die Fliege

μυρμήγκι

die Ameise

μέλισσα

die Biene

αράχνη

die Spinne

σκαθάρι

der Käfer

βάτραχος

der Frosch

σκίουρος

das Eichhörnchen

σκαντζόχοιρος

der Igel

λαγός

der Hase

κουκουβάγια

die Eule

πουλί

die Vogel

κύκνος

der Schwan

αγριογούρουνο

das Wildschwein

ελάφι

der Hirsch

άλκη

der Elch

φράγμα

der Staudamm

ανεμογεννήτρια

das Windrad

ηλιακός συλλέκτης

das Solarmodul

κλίμα

das Klima

σερβιτόρος
der Kellner

κατάλογος
die Speisekarte

καρέκλα
der Stuhl

σούπα
die Suppe

πίτσα
die Pizza

τραπεζομάντιλο
die Tischdecke

μαχαιροπίρουνα
das Besteck

ορεκτικό

die Vorspeise

κύριο πιάτο

das Hauptgericht

επιδόρπιο

die Nachspeise

ποτά

die Getränke

φαγητό

das Essen

μπουκάλι

die Flasche

φαστ φουντ

das Fastfood

φαγητό στ' όρθιο

das Streetfood

τσαγιέρα

die Teekanne

δοχείο ζάχαρης

die Zuckerdose

μερίδα

die Portion

μηχανή εσπρέσο

die Espressomaschine

ψηλή καρέκλα

der Hochstuhl

λογαριασμός

die Rechnung

δίσκος

das Tablett

μαχαίρι

das Messer

πιρούνι

die Gabel

κουτάλι

der Löffel

κουταλάκι του τσαγιού

der Teelöffel

πετσέτα φαγητού

die Serviette

ποτήρι

das Glas

πιάτο

der Teller

πιάτο σούπας

der Suppenteller

πιατάκι φλιτζανιού

die Untertasse

σάλτσα

die Sauce

αλατιέρα

der Salzstreuer

μύλος για πιπέρι

die Pfeffermühle

ξύδι

der Essig

λάδι

das Öl

μπαχαρικά

die Gewürze

κέτσαπ

das Ketchup

μουστάρδα

der Senf

μαγιονέζα

die Mayonnaise

προσφορά
das Angebot

πελάτης
der Kunde

γαλακτοκομικά προϊόντα
die Milchprodukte

φρούτα
das Obst

καρότσι για ψώνια
der Einkaufswagen

κρεοπωλείο
die Schlachterei

φούρνος
die Bäckerei

ζυγίζω
wiegen

λαχανικά
das Gemüse

κρέας
das Fleisch

κατεψυγμένα τρόφιμα
die Tiefkühlkost

αλλαντικά

der Aufschnitt

κονσερβοποιημένη τροφή

die Konserven

απορρυπαντικό ρούχων

das Waschmittel

γλυκά

die Süßigkeiten

οικιακά είδη

die Haushaltsartikel

καθαριστικά προϊόντα

das Reinigungsmittel

πωλήτρια

die Verkäuferin

ταμείο

die Kasse

ταμίας

der Kassierer

λίστα για ψώνια

die Einkaufsliste

ωράριο λειτουργίας

die Öffnungszeiten

πορτοφόλι

die Brieftasche

πιστωτική κάρτα

die Kreditkarte

τσάντα

die Tasche

πλαστική σακούλα

die Plastiktüte

σούπερ μάρκετ - der Supermarkt

die Getränke

νερό

das Wasser

χυμός

der Saft

γάλα

die Milch

κόκα κόλα

die Cola

κρασί

der Wein

μπίρα

das Bier

αλκοόλ

der Alkohol

κακάο

der Kakao

τσάι

der Tee

καφές

der Kaffee

εσπρέσο

der Espresso

καπουτσίνο

der Cappuccino

μπανάνα

die Banane

μήλο

der Apfel

πορτοκάλι

die Orange

πεπόνι

die Melone

λεμόνι

die Zitrone

καρότο

die Karotte

σκόρδο

der Knoblauch

μπαμπού

der Bambus

κρεμμύδι

die Zwiebel

μανιτάρι

der Pilz

ξηροί καρποί

die Nüsse

νουντλς

die Nudeln

μακαρόνια

die Spaghetti

ρύζι

der Reis

σαλάτα

der Salat

πατατάκια

die Pommes frites

τηγανητές πατάτες

die Bratkartoffeln

πίτσα

die Pizza

χάμπουργκερ

der Hamburger

σάντουιτς

das Sandwich

κοτολέτα

das Schnitzel

ζαμπόν

der Schinken

σαλάμι

die Salami

λουκάνικο

die Wurst

κοτόπουλο

das Huhn

ψητό

der Braten

ψάρι

der Fisch

χυλός βρώμης

die Haferflocken

μούσλι

das Müsli

κορν φλέικς

die Cornflakes

αλεύρι

das Mehl

κρουασάν

das Croissant

ψωμάκι

das Brötchen

ψωμί

das Brot

τοστ

der Toast

μπισκότα

die Kekse

βούτυρο

die Butter

τυρόπηγμα

der Quark

κέικ

der Kuchen

αυγό

das Ei

τηγανητό αυγό

das Spiegelei

τυρί

der Käse

παγωτό

die Eiscreme

ζάχαρη

der Zucker

μέλι

der Honig

μαρμελάδα

die Marmelade

άλλειμμα σοκολάτας

die Nougat-Creme

κάρυ

das Curry

αγρόσπιτο
das Bauernhaus

αχυρώνας
die Scheune

δεμάτι άχυρου
der Strohballen

χωράφι
das Feld

αλόγο
das Pferd

ρυμουλκούμενο
der Anhänger

πουλάρι
das Fohlen

τρακτέρ
der Traktor

γάιδαρος
der Esel

αρνί
das Lamm

πρόβατο
das Schaf

κατσίκα
die Ziege

αγελάδα
die Kuh

μοσχαράκι
das Kalb

γουρούνι
das Schwein

γουρουνάκι
das Ferkel

ταύρος
der Bulle

χήνα

die Gans

πάπια

die Ente

κοτοπουλάκι

das Küken

κότα

das Huhn

κόκορας

der Hahn

αρουραίος

die Ratte

γάτα

die Katze

ποντίκι

die Maus

βόδι

der Ochse

σκύλος

der Hund

σπιτάκι σκύλου

die Hundehütte

λάστιχο κήπου

der Gartenschlauch

ποτιστήρι

die Gießkanne

θεριστήρι

die Sense

αλέτρι

der Pflug

αγρόκτημα - der Bauernhof

δρεπάνι

die Sichel

τσάπα

die Hacke

δίκρανο

die Mistgabel

τσεκούρι

die Axt

χειράμαξα

die Schubkarre

ταΐστρα

der Trog

δοχείο γάλακτος

die Milchkanne

σάκος

der Sack

φράχτης

der Zaun

στάβλος

der Stall

θερμοκήπιο

das Treibhaus

έδαφος

der Boden

σπόρος

die Saat

λίπασμα

der Dünger

θεριζοαλωνιστική μηχανή

der Mähdrescher

αγρόκτημα - der Bauernhof

θερίζω

ernten

συγκομιδή

die Ernte

γιαμς

die Yamswurzel

σιτάρι

der Weizen

σόγια

das Soja

πατάτα

die Kartoffel

καλαμπόκι

der Mais

κράμβη

der Raps

οπωροφόρο δέντρο

der Obstbaum

μανιόκα

der Maniok

δημητριακά

das Getreide

αγρόκτημα - der Bauernhof

καμινάδα
der Schornstein

στέγη
das Dach

υδρορροή
die Regenrinne

παράθυρο
das Fenster

γκαράζ
die Garage

κουδούνι
die Klingel

πόρτα
die Tür

σκουπιδοτενεκές
der Mülleimer

γραμματοκιβώτιο
der Briefkasten

κήπος
der Garten

σαλόνι

das Wohnzimmer

μπάνιο

das Badezimmer

κουζίνα

die Küche

υπνοδωμάτιο

das Schlafzimmer

παιδικό δωμάτιο

das Kinderzimmer

τραπεζαρία

das Esszimmer

πάτωμα

der Boden

τοίχος

die Wand

οροφή

die Decke

κελάρι

der Keller

σάουνα

die Sauna

μπαλκόνι

der Balkon

βεράντα

die Terrasse

πισίνα

das Schwimmbad

μηχανή του γκαζόν

der Rasenmäher

σεντόνι

der Bettbezug

κάλυμμα κρεβατιού

die Bettdecke

κρεβάτι

das Bett

σκούπα

der Besen

κουβάς

der Eimer

διακόπτης

der Schalter

ταπετσαρία
die Tapete

φωτογραφία
das Bild

λάμπα
die Lampe

ράφι
das Regal

ντουλάπι
der Schrank

τζάκι
der Kamin

τηλεόραση
der Fernseher

λουλούδι
die Blume

μαξιλάρι
das Kissen

καναπές
das Sofa

βάζο
die Vase

τηλεκοντρόλ
die Fernbedienung

χαλί

der Teppich

κουρτίνα

der Vorhang

τραπέζι

der Tisch

καρέκλα

der Stuhl

κουνιστή πολυθρόνα

der Schaukelstuhl

πολυθρόνα

der Sessel

βιβλίο	κουβέρτα	διακόσμηση
das Buch	die Decke	die Dekoration
καυσόξυλα	ταινία	στερεοφωνικό σύστημα
das Feuerholz	der Film	die Stereoanlage
κλειδί	εφημερίδα	πίνακας ζωγραφικής
der Schlüssel	die Zeitung	das Gemälde
αφίσα	ραδιόφωνο	σημειωματάριο
das Poster	das Radio	der Notizblock
ηλεκτρική σκούπα	κάκτος	κερί
der Staubsauger	der Kaktus	die Kerze

φούρνος μικροκυμάτων
die Mikrowelle

ψυγείο
der Kühlschrank

ζυγαριά κουζίνας
die Küchenwaage

τοστιέρα
der Toaster

απορρυπαντικό
das Reinigungsmittel

φούρνος
der Backofen

κατάψυξη
das Gefrierfach

σκουπιδοτενεκές
der Mülleimer

πλυντήριο πιάτων
der Geschirrspüler

κουζίνα
der Herd

κατσαρόλα
der Topf

μαντεμένια κατσαρόλα
der Eisentopf

γουόκ/καντάι
der Wok / Kadai

τηγάνι
die Pfanne

βραστήρας
der Wasserkocher

ατμομάγειρας

der Dampfgarer

ταψί

das Backblech

πιατικά

das Geschirr

κούπα

der Becher

μπολ

die Schale

ξυλάκια

die Essstäbchen

κουτάλα

die Suppenkelle

σπάτουλα

der Pfannenwender

ανακατεύω

der Schneebesen

σουρωτήρι

das Kochsieb

σουρωτηράκι

das Sieb

τρίφτης

die Reibe

γουδί

der Mörser

ψησταριά

der Grill

ανοιχτή φωτιά

die Feuerstelle

σανίδα κοπής

das Schneidebrett

πλάστης

das Nudelholz

ανοιχτήρι φελλών

der Korkenzieher

κονσέρβα

die Dose

ανοιχτήρι κονσέρβας

der Dosenöffner

γάντι φούρνου

der Topflappen

νεροχύτης

das Waschbecken

βούρτσα

die Bürste

σφουγγάρι

der Schwamm

μπλέντερ

der Mixer

καταψύκτης

die Gefriertruhe

μπιμπερό

die Babyflasche

βρύση

der Wasserhahn

κουζίνα - die Küche

μπάνιο
das Badezimmer

θέρμανση
die Heizung

ντους
die Dusche

πετσέτα
das Handtuch

κουρτίνα ντουζ
der Duschvorhang

αφρόλουτρο
das Schaumbad

μπανιέρα
die Badewanne

ποτήρι
das Glas

πλυντήριο ρούχων
die Waschmaschine

πλακάκια
die Fliesen

βρύση
der Wasserhahn

γιογιό
das Töpfchen

νεροχύτης
das Waschbecken

τουαλέτα

die Toilette

τούρκικη τουαλέτα

die Hocktoilette

μπιντές

das Bidet

ουρητήριο

das Pissoir

χαρτί υγείας

das Toilettenpapier

πιγκάλ

die Toilettenbürste

οδοντόβουρτσα

die Zahnbürste

οδοντόκρεμα

die Zahnpasta

οδοντικό νήμα

die Zahnseide

πλένω

waschen

τηλέφωνο ντους

die Handbrause

ντουσιέρα

die Intimdusche

λεκάνη

die Waschschüssel

βούρτσα πλάτης

die Rückenbürste

σαπούνι

die Seife

αφρόλουτρο

das Duschgel

σαμπουάν

das Shampoo

φανέλα

der Waschlappen

σιφόνι

der Abfluss

κρέμα

die Creme

αποσμητικό

das Deodorant

καθρέφτης

der Spiegel

καθρέφτης χειρός

der Kosmetikspiegel

ξυραφάκι

der Rasierer

αφρός ξυρίσματος

der Rasierschaum

αφτερσέιβ

das Rasierwasser

χτένα

der Kamm

βούρτσα

die Bürste

σεσουάρ

der Föhn

λακ

das Haarspray

μακιγιάζ

das Makeup

κραγιόν

der Lippenstift

βερνίκι νυχιών

der Nagellack

βαμβάκι

die Watte

ψαλίδι νυχιών

die Nagelschere

άρωμα

das Parfum

νεσεσέρ

der Kulturbeutel

σκαμπό

der Hocker

ζυγαριά

die Waage

μπουρνούζι

der Bademantel

ελαστικά γάντια

die Gummihandschuhe

ταμπόν

das Tampon

πετσέτα υγιεινής

die Damenbinde

χημική τουαλέτα

die Chemietoilette

ξυπνητήρι
der Wecker

λούτρινο ζωάκι
das Kuscheltier

αυτοκινητάκι
das Spielzeugauto

κουδουνίστρα
die Rassel

κουκλόσπιτο
das Puppenhaus

δώρο
das Geschenk

μπαλόνι
der Ballon

κρεβάτι
das Bett

καροτσάκι
der Kinderwagen

τράπουλα
das Kartenspiel

παζλ
das Puzzle

κόμικς
der Comic

τουβλάκια lego

die Legosteine

τουβλάκια κατασκευών

die Bausteine

φιγούρα δράσης

die Action Figur

βρεφικό φορμάκι

der Strampelanzug

φρίσμπι

das Frisbee

μόμπιλο

das Mobile

επιτραπέζιο παιχνίδι

das Brettspiel

ζάρια

der Würfel

σετ τρενάκι

die Modelleisenbahn

πιπίλα

der Schnuller

πάρτι

die Party

εικονογραφημένο βιβλίο

das Bilderbuch

μπάλα

der Ball

κούκλα

die Puppe

παίζω

spielen

σκάμμα με άμμο

der Sandkasten

κούνια

die Schaukel

παιχνίδια

das Spielzeug

κονσόλα βιντεοπαιχνιδιών

die Spielkonsole

τρίκυκλο

das Dreirad

αρκουδάκι

der Teddy

ντουλάπα

der Kleiderschrank

ρούχα
die Kleidung

κάλτσες

die Socken

καλτσοδέτες

die Strümpfe

καλσόν

die Strumpfhose

κασκόλ
der Schal

ζώνη
der Gürtel

ομπρέλα
der Regenschirm

μπλουζάκι
das T-Shirt

αθλητικά παπούτσια
die Turnschuhe

μπότες
der Stiefel

παντόφλες
die Hausschuhe

σανδάλια
die Sandalen

παπούτσια
die Schuhe

γαλότσες
die Gummistiefel

εσώρουχο
die Unterhose

σουτιέν
der Büstenhalter

φανέλα
das Unterhemd

ρούχα - die Kleidung

σώμα

der Body

παντελόνι

die Hose

τζιν παντελόνι

die Jeans

φούστα

der Rock

μπλούζα

die Bluse

πουκάμισο

das Hemd

πουλόβερ

der Pullover

πουλόβερ

der Kapuzenpullover

σακάκι

der Blazer

μπουφάν

die Jacke

παλτό

der Mantel

αδιάβροχο πανωφόρι

der Regenmantel

κοστούμι

das Kostüm

φόρεμα

das Kleid

νυφικό

das Hochzeitskleid

ρούχα - die Kleidung

κοστούμι

der Anzug

νυχτικό

das Nachthemd

πιτζάμες

der Schlafanzug

σάρι

der Sari

μαντήλι

das Kopftuch

τουρμπάνι

der Turban

μπούρκα

die Burka

καφτάνι

der Kaftan

μουσουλμανικό ένδυμα

die Abaya

ολόσωμο μαγιό

der Badeanzug

ανδρικό μαγιό

die Badehose

σορτς

die kurze Hose

αθλητική φόρμα

der Trainingsanzug

ποδιά

die Schürze

γάντια

die Handschuhe

ρούχα - die Kleidung

κουμπί

der Knopf

γυαλιά

die Brille

βραχιόλι

das Armband

περιδέραιο

die Halskette

δαχτυλίδι

der Ring

σκουλαρίκι

der Ohrring

καπέλο

die Mütze

κρεμάστρα

der Kleiderbügel

καπέλο

der Hut

γραβάτα

die Krawatte

φερμουάρ

der Reißverschluss

κράνος

der Helm

τιράντες

der Hosenträger

μαθητική στολή

die Schuluniform

στολή

die Uniform

σαλιάρα

das Lätzchen

πιπίλα

der Schnuller

πάνα

die Windel

γραφείο
das Büro

σέρβερ
der Server

αρχειοθήκη
der Aktenschrank

εκτυπωτής
der Drucker

οθόνη
der Monitor

χαρτί
das Papier

ποντίκι
die Maus

γραφείο
der Schreibtisch

ντοσιέ
der Ordner

πληκτρολόγιο
die Tastatur

καλάθι αχρήστων
der Papierkorb

υπολογιστής
der Computer

καρέκλα
der Stuhl

κούπα του καφέ

der Kaffeebecher

κομπιουτεράκι

der Taschenrechner

ίντερνετ

das Internet

λάπτοπ

der Laptop

γράμμα

der Brief

μήνυμα

die Nachricht

κινητό

das Handy

δίκτυο

das Netzwerk

φωτοτυπικό μηχάνημα

der Kopierer

λογισμικό

die Software

τηλέφωνο

das Telefon

πρίζα

die Steckdose

συσκευή φαξ

das Fax

έντυπο

das Formular

έγγραφο

das Dokument

αγοράζω

kaufen

πληρώνω

bezahlen

συναλλάσσομαι

handeln

χρήματα

das Geld

δολάριο

der Dollar

ευρώ

der Euro

γιεν

der Yen

ρούβλι

der Rubel

ελβετικό φράγκο

der Franken

ρενμίνμπι γιουάν

der Renminbi Yuan

ρουπία

die Rupie

ATM (αυτόματη ταμειακή μηχανή)

der Geldautomat

ανταλλακτήρια
συναλλάγματος

die Wechselstube

χρυσός

das Gold

ασήμι

das Silber

πετρέλαιο

das Öl

ενέργεια

die Energie

τιμή

der Preis

συμβόλαιο

der Vertrag

φόρος

die Steuer

μετοχή

die Aktie

δουλεύω

arbeiten

υπάλληλος

der Angestellte

εργοδότης

der Arbeitgeber

εργοστάσιο

die Fabrik

κατάστημα

das Geschäft

αστυνόμος
der Polizist

πυροσβέστης
der Feuerwehrmann

μάγειρας
der Koch

γιατρός
der Arzt

πιλότος
der Pilot

κηπουρός

der Gärtner

ξυλουργός

der Tischler

μοδίστρα

die Näherin

δικαστής

der Richter

χημικός

der Chemiker

ηθοποιός

der Schauspieler

οδηγός λεωφορείου

der Busfahrer

ταξιτζής

der Taxifahrer

ψαράς

der Fischer

καθαρίστρια

die Putzfrau

τεχνίτης στεγών

der Dachdecker

σερβιτόρος

der Kellner

κυνηγός

der Jäger

ζωγράφος

der Maler

αρτοποιός

der Bäcker

ηλεκτρολόγος

der Elektriker

οικοδόμος

der Bauarbeiter

μηχανολόγος

der Ingenieur

κρεοπώλης

der Schlachter

υδραυλικός

der Klempner

ταχυδρόμος

der Postbote

επαγγέλματα - die Berufe

στρατιώτης

der Soldat

αρχιτέκτονας

der Architekt

ταμίας

der Kassierer

ανθοπώλης

der Florist

κομμωτής

der Friseur

ελεγκτής εισιτηρίων

der Schaffner

μηχανικός

der Mechaniker

καπετάνιος

der Kapitän

οδοντίατρος

der Zahnarzt

επιστήμονας

der Wissenschaftler

ραβίνος

der Rabbi

ιμάμης

der Imam

μοναχός

der Mönch

ιερέας

der Geistliche

σφυρί
der Hammer

πένσα
die Zange

κατσαβίδι
der Schraubendreher

φακός
die Taschenlam

Γαλλικό κλειδί
der Schraubenschlüssel

εκσκαφέας

der Bagger

εργαλειοθήκη

der Werkzeugkasten

σκάλα

die Leiter

πριόνι

die Säge

καρφιά

die Nägel

τρυπάνι

der Bohrer

επισκευάζω

reparieren

φτυάρι

die Schaufel

Να πάρει!

Mist!

φαράσι

das Kehrblech

δοχείο χρωμάτων

der Farbtopf

βίδες

die Schrauben

μουσικά όργανα
die Musikinstrumente

μεγάφωνο
der Lautsprecher

ντραμς
das Schlagzeug

κιθάρα
die Gitarre

κοντραμπάσο
der Kontrabass

τρομπέτα
die Trompete

πιάνο
das Klavier

βιολί
die Violine

μπάσο
der Bass

τύμπανα
die Pauke

τύμπανο
die Trommeln

πλήκτρα
das Keyboard

σαξόφωνο
das Saxophon

φλάουτο
die Flöte

μικρόφωνο
das Mikrofon

τίγρης
der Tiger

είσοδος
der Eingang

κλουβί
der Käfig

ζέβρα
das Zebra

ζωοτροφή
das Tierfutter

πάντα
der Panda

ζώα

die Tiere

ελέφαντας

der Elefant

καγκουρό

das Känguruh

ρινόκερος

das Nashorn

γορίλας

der Gorilla

αρκούδα

der Bär

καμήλα

das Kamel

στρουθοκάμηλος

der Strauß

λιοντάρι

der Löwe

πίθηκος

der Affe

φλαμίνγκο

der Flamingo

παπαγάλος

der Papagei

πολική αρκούδα

der Eisbär

πιγκουίνος

der Pinguin

καρχαρίας

der Hai

παγώνι

der Pfau

φίδι

die Schlange

κροκόδειλος

das Krokodil

φύλακας ζωολογικού κήπου

der Zoowärter

φώκια

die Robbe

τζάγκουαρ

der Jaguar

πόνυ

das Pony

λεοπάρδαλη

der Leopard

ιπποπόταμος

das Nilpferd

καμηλοπάρδαλη

die Giraffe

αετός

der Adler

αγριογούρουνο

das Wildschwein

ψάρι

der Fisch

χελώνα

die Schildkröte

θαλάσσιος ίππος

das Walross

αλεπού

der Fuchs

γαζέλα

die Gazelle

αθλήματα
der Sport

Αμερικάνικο ποδόσφαιρο
das American Football

ποδηλασία
das Radfahren

αντισφαίριση
das Tennis

μπάσκετ
der Basketball

κολύμβηση
das Schwimmen

πυγχαμία
das Boxen

χόκεϋ επί πάγου
das Eishockey

ποδόσφαιρο
der Fußball

μπάντμιντον
das Badminton

στίβος
die Leichtathletik

χάντμπολ
der Handball

σκι
das Skilaufen

πόλο
das Polo

πηδάω
springen

γελάω
lachen

αγκαλιάζω
umarmen

περπατάω
gehen

τραγουδάω
singen

ονειρεύομαι
träumen

προσεύχομαι
beten

φιλάω
küssen

γράφω

schreiben

σχεδιάζω

zeichnen

δείχνω

zeigen

πιέζω

drücken

δίνω

geben

παίρνω

nehmen

έχω

haben

κάνω

tun

είμαι

sein

στέκομαι

stehen

τρέχω

laufen

τραβάω

ziehen

ρίχνω

werfen

πέφτω

fallen

ξαπλώνω

liegen

περιμένω

warten

κουβαλώ

tragen

κάθομαι

sitzen

φοράω

anziehen

κοιμάμαι

schlafen

ξυπνάω

aufwachen

κοιτάω

ansehen

κλαίω

weinen

χαϊδεύω

streicheln

χτενίζω

kämmen

μιλάω

reden

καταλαβαίνω

verstehen

ρωτάω

fragen

ακούω

hören

πίνω

trinken

τρώω

essen

συγυρίζω

aufräumen

αγαπάω

lieben

μαγειρεύω

kochen

οδηγώ

fahren

πετάω

fliegen

κάνω ιστιοπλοΐα

segeln

υπολογίζω

rechnen

διαβάζω

lesen

μαθαίνω

lernen

δουλεύω

arbeiten

παντρεύομαι

heiraten

ράβω

nähen

βουρτσίζω τα δόντια

Zähne putzen

σκοτώνω

töten

καπνίζω

rauchen

στέλνω

senden

γιά
e Großmutter

παππούς
der Großvater

πατέρας
der Vater

μητέρα
die Mutter

μωρό
das Baby

κόρη
die Tochter

γιος
der Sohn

καλεσμένος

der Gast

θεία

die Tante

θείος

der Onkel

αδελφός

der Bruder

αδελφή

die Schwester

μέτωπο
die Stirn

μάτι
das Auge

ώμος
die Schulter

δάχτυλο
der Finger

πρόσωπο
das Gesicht

πιγούνι
das Kinn

χέρι
die Hand

στήθος
die Brust

πόδι
das Bein

βραχίονας
der Arm

μωρό

das Baby

άνδρας

der Mann

γυναίκα

die Frau

κορίτσι

das Mädchen

αγόρι

der Junge

κεφάλι

der Kopf

πλάτη

der Rücken

κοιλιά

der Bauch

αφαλός

der Nabel

δάχτυλο ποδιού

der Zeh

φτέρνα

die Ferse

κόκκαλο

der Knochen

γοφός

die Hüfte

γόνατο

das Knie

αγκώνας

der Ellenbogen

μύτη

die Nase

γλουτός

das Gesäß

δέρμα

die Haut

μάγουλο

die Wange

αυτί

das Ohr

χείλος

die Lippe

σώμα - der Körper

στόμα

der Mund

δόντι

der Zahn

γλώσσα

die Zunge

εγκέφαλος

das Gehirn

καρδιά

das Herz

μυς

der Muskel

πνεύμονας

die Lunge

συκώτι

die Leber

στομάχι

der Magen

νεφρά

die Nieren

σεξουαλική επαφή

der Geschlechtsverkehr

προφυλακτικό

das Kondom

ωάριο

die Eizelle

σπέρμα

das Sperma

εγκυμοσύνη

die Schwangerschaft

περίοδος

die Menstruation

γυναικείος κόλπος

die Vagina

πέος

der Penis

φρύδι

die Augenbraue

μαλλιά

das Haar

λαιμός

der Hals

σώμα - der Körper

νοσοκομείο
das Krankenhaus

ασθενοφόρο
der Krankenwagen

αναπηρικό καροτσάκι
der Rollstuhl

κάταγμα
der Bruch

γιατρός

der Arzt

μονάδα εντατικής θεραπείας

die Notaufnahme

νοσοκόμα

die Krankenschwester

έκτακτη ανάγκη

der Notfall

λιπόθυμος

ohnmächtig

πόνος

der Schmerz

τραύμα
die Verletzung

αιμορραγία
die Blutung

έμφραγμα
der Herzinfarkt

εγκεφαλικό
der Schlaganfall

αλλεργία
die Allergie

βήχας
der Husten

πυρετός
das Fieber

γρίπη
die Grippe

διάρροια
der Durchfall

πονοκέφαλος
die Kopfschmerzen

καρκίνος
der Krebs

διαβήτης
die Diabetis

χειρουργός
der Chirurg

νυστέρι
das Skalpell

εγχείρηση
die Operation

αξονική τομογραφία

das CT

ακτινογραφία

das Röntgen

υπέρηχος

das Ultraschall

μάσκα

die Maske

ασθένεια

die Krankheit

αίθουσα αναμονής

das Wartezimmer

πατερίτσα

die Krücke

χάνσαπλαστ

das Pflaster

επίδεσμος

der Verband

ένεση

die Injektion

στηθοσκόπιο

das Stethoskop

φορείο

die Trage

θερμόμετρο

das Thermometer

γέννηση

die Geburt

υπέρβαρο

das Übergewicht

ακουστικό βαρηκοΐας

das Hörgerät

αντισηπτικό

das Desinfektionsmittel

λοίμωξη

die Infektion

ιός

das Virus

HIV/AIDS

das HIV / AIDS

φάρμακο

die Medizin

εμβολιασμός

die Impfung

δισκία

die Tabletten

χάπι

die Pille

κλήση έκτακτης ανάγκης

der Notruf

πιεσόμετρο αίματος

das Blutdruck-Messgerät

άρρωστος / υγιής

krank / gesund

Βοήθεια!
Hilfe!

συναγερμός
der Alarm

βιαιοπραγία
der Überfall

επίθεση
der Angriff

κίνδυνος
die Gefahr

έξοδος κινδύνου
der Notausgang

Φωτιά!
Feuer!

πυροσβεστήρας
der Feuerlöscher

ατύχημα
der Unfall

κουτί πρώτων βοηθειών
der Erste-Hilfe-Koffer

SOS
SOS

αστυνομία
die Polizei

Ευρώπη

das Europa

Βόρεια Αμερική

das Nordamerika

Νότια Αμερική

das Südamerika

Αφρική

das Afrika

Ασία

das Asien

Αυστραλία

das Australien

Ατλαντικός Ωκεανός

der Atlantik

Ειρηνικός Ωκεανός

der Pazifik

Ινδικός Ωκεανός

der Indische Ozean

Ανταρκτικός Ωκεανός

der Antarktische Ozean

Αρκτικός Ωκεανός

der Arktische Ozean

Βόρειος Πόλος

der Nordpol

Νότιος Πόλος

der Südpol

Ανταρκτική

die Antarktis

Γη

die Erde

γη

das Land

θάλασσα

das Meer

νησί

die Insel

έθνος

die Nation

πολιτεία

der Staat

Γη - die Erde

κανττράν ρολογιού

das Zifferblatt

ωροδείκτης

der Stundenzeiger

λεπτοδείκτης

der Minutenzeiger

δείκτης δευτερολέπτων

der Sekundenzeiger

Τι ώρα είναι;

Wie spät ist es?

ημέρα

der Tag

χρόνος

die Zeit

τώρα

jetzt

ψηφιακό ρολόι

die Digitaluhr

λεπτό

die Minute

ώρα

die Stunde

εβδομάδα
die Woche

Δευτέρα
der Montag

Τετάρτη
der Mittwoch

Παρασκευή
der Freitag

Τρίτη
der Dienstag

Πέμπτη
der Donnerstag

Σάββατο
der Samstag

Κυριακή
der Sonntag

χθες

gestern

σήμερα

heute

αύριο

morgen

πρωί

der Morgen

μεσημέρι

der Mittag

βράδυ

der Abend

εργάσιμες ημέρες

die Arbeitstage

Σαββατοκύριακο

das Wochenende

βροχή
der Regen

ουράνιο τόξο
der Regenbogen

χιόνι
der Schnee

άνεμος
der Wind

άνοιξη
der Frühling

φθινόπωρο
der Herbst

καλοκαίρι
der Sommer

χειμώνας
der Winter

πρόγνωση καιρού

die Wettervorhersage

θερμόμετρο

das Thermometer

λιακάδα

der Sonnenschein

σύννεφο

die Wolke

ομίχλη

der Nebel

υγρασία

die Luftfeuchtigkeit

αστραπή

der Blitz

κεραυνός

der Donner

καταιγίδα

der Sturm

χαλάζι

der Hagel

μουσώνας

der Monsun

πλημμύρα

die Flut

πάγος

das Eis

Ιανουάριος

der Januar

Φεβρουάριος

der Februar

Μάρτιος

der März

Απρίλιος

der April

Μάιος

der Mai

Ιούνιος

der Juni

Ιούλιος

der Juli

Αύγουστος

der August

Σεπτέμβριος

der September

Οκτώβριος

der Oktober

Νοέμβριος

der November

Δεκέμβριος

der Dezember

σχήματα
die Formen

κύκλος

der Kreis

τετράγωνο

das Quadrat

ορθογώνιο
παραλληλόγραμμο
das Rechteck

τρίγωνο

das Dreieck

σφαίρα

die Kugel

κύβος

der Würfel

χρώματα
die Farben

άσπρο

weiß

κίτρινο

gelb

πορτοκαλί

orange

ροζ

pink

κόκκινο

rot

μωβ

lila

μπλε

blau

πράσινο

grün

καφέ

braun

γκρι

grau

μαύρο

schwarz

πολύ / λίγο

viel / wenig

θυμωμένος / ήρεμος

wütend / friedlich

όμορφος / άσχημος

hübsch / hässlich

αρχή / τέλος

der Anfang / das Ende

μεγάλος / μικρός

groß / klein

φωτεινός / σκοτεινός

hell / dunkel

αδελφός / αδελφή

der Bruder / die Schwester

καθαρός / λερωμένος

sauber / schmutzig

πλήρης / ατελής

vollständig / unvollständig

ημέρα / νύχτα

der Tag / die Nacht

νεκρός / ζωντανός

tot / lebendig

φαρδύς / στενός

breit / schmal

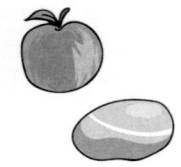

βρώσιμος / μη βρώσιμος

genießbar / ungenießbar

κακός / ευγενικός

böse / freundlich

ενθουσιασμένος /
βαριεστημένος

aufgeregt / gelangweilt

παχύς / λεπτός

dick / dünn

πρώτος / τελευταίος

zuerst / zuletzt

φίλος / εχθρός

der Freund / der Feind

γεμάτος / άδειος

voll / leer

σκληρός / μαλακός

hart / weich

βαρύς / ελαφρύς

schwer / leicht

πείνα / δίψα

der Hunger / der Durst

άρρωστος / υγιής

krank / gesund

παράνομος / νόμιμος

illegal / legal

έξυπνος / χαζός

intelligent / dumm

αριστερός / δεξιός

links / rechts

κοντινός / μακρινός

nah / fern

καινούριος /
μεταχειρισμένος

neu / gebraucht

τίποτα / κάτι

nichts / etwas

γέρος | νέος

alt / jung

αναμμένος / σβηστός

an / aus

ανοιχτός / κλειστός

offen / geschlossen

χαμηλόφωνος /
μεγαλόφωνος

leise / laut

πλούσιος / φτωχός

reich / arm

σωστός / λανθασμένος

richtig / falsch

τραχύς / λείος

rau / glatt

λυπημένος / χαρούμενος

traurig / glücklich

κοντός / μακρύς

kurz / lang

αργός / γρήγορος

langsam / schnell

υγρός / στεγνός

nass / trocken

ζεστός / δροσερός

warm / kühl

πόλεμος / ειρήνη

der Krieg / der Frieden

αντίθετα - die Gegenteile

0

μηδέν

null

1

ένα

eins

2

δύο

zwei

3

τρία

drei

4

τέσσερα

vier

5

πέντε

fünf

6

έξι

sechs

7

εφτά

sieben

8

οκτώ

acht

9

εννιά

neun

10

δέκα

zehn

11

έντεκα

elf

12

δώδεκα
zwölf

13

δεκατρία
dreizehn

14

δεκατέσσερα
vierzehn

15

δεκαπέντε
fünfzehn

16

δεκαέξι
sechzehn

17

δεκαεφτά
siebzehn

18

δεκαοκτώ
achtzehn

19

δεκαεννέα
neunzehn

20

είκοσι
zwanzig

100

εκατό
hundert

1.000

χίλια
tausend

1.000.000

εκατομμύριο
million

αριθμοί - die Zahlen

Αγγλικά

Englisch

Αμερικάνικα Αγγλικά

Amerikanisches Englisch

Μανδαρίνικα Κινέζικα

Chinesisch Mandarin

Χίντι

Hindi

Ισπανικά

Spanisch

Γαλλικά

Französisch

Αραβικά

Arabisch

Ρώσικα

Russisch

Πορτογαλικά

Portugiesisch

Μπενγκάλι

Bengalisch

Γερμανικά

Deutsch

Ιαπωνικά

Japanisch

εγώ

ich

εσύ

du

αυτός / αυτή / αυτό

er / sie / es

εμείς

wir

εσείς

ihr

αυτοί / αυτές / αυτά

sie

ποιος / ποια / ποιο;

wer?

τι;

was?

πώς;

wie?

πού;

wo?

πότε;

wann?

όνομα

Name

πίσω

hinter

μέσα

in

μπροστά

vor

πάνω από

über

πάνω

auf

κάτω

unter

δίπλα

neben

ανάμεσα

zwischen

μέρος

der Ort